BIBLIOTHÈQUE THÉATRALE
Auteurs contemporains.

UN

DIEU DU JOUR

COMÉDIE-VAUDEVILLE EN 2 ACTES

MÊLÉE DE COUPLETS

Par MM. ACH. D'ARTOIS, ROGER DE BEAUVOIR
et DE BESSELIÈVRE.

Prix : 60 centimes.

PARIS
D. GIRAUD ET J. DAGNEAU, LIBRAIRES-ÉDITEURS
18, RUE GUÉNÉGAUD (ANCIEN 24).

1850

UN
DIEU DU JOUR

Comédie-vaudeville en deux actes

Mêlée de couplets,

PAR

MM. ACHILLE DARTOIS, ROGER DE BEAUVOIR ET DE BESSELIÈVRE

Représenté, pour la première fois, à Paris, sur le théâtre du Vaudeville, le 16 juillet 1850.

DISTRIBUTION DE LA PIÈCE.

Personnages.	Acteurs.
JACQUEMART, publiciste..................	MM. DELANNOY.
MORISET, employé de la Vieille-Montagne...	RÉNÉ LUGUET.
HIPPOLYTE, fils du concierge de M. Jumelle, et domestique de Jacquemart au 2e acte....	SCHEY.
JUMELLE, opticien......................	H. ALIX.
CÉCILE JUMELLE, fille de Jumelle.......	Mlles CICO.
JULIENNE, cousine de Cécile............	C. BADER.

La scène se passe à Paris : au premier acte chez M. Jumelle, et au deuxième acte chez M. Jacquemart.

S'adresser, pour la musique de cet ouvrage, à M. R. TARANNE, 15, rue Montmartre.

ACTE I

Le théâtre représente un petit salon simplement meublé, qui sert d'arrière-boutique à Jumelle, avec portes latérales.

SCÈNE I.

*MORISET, JULIENNE. (*Julienne d'abord seule, occupée à ramasser des cartes sur une table.*)

JULIENNE.

Voilà deux réussites de suite!! Le mariage manquera!!... Mais que ça éclate donc!

MORISET, *entrant.*

J'épouserai, c'est sûr! mais je veux que ce soit décidé aujourd'hui.

JULIENNE, *l'apercevant.*

Tiens! vous voilà de bonne heure, Moriset!

MORISET.

Il n'est pas plus matin pour moi que pour vous, Julienne.

JULIENNE.

Oh! moi, ce n'est pas étonnant; première demoiselle chez une lingère, j'ai l'habitude...

MORISET.

Moi, j'ai encore mieux que l'habitude pour me réveiller... j'ai de l'amour!

JULIENNE.

Ah! oui, vous êtes amoureux de ma cousine Cécile... à ce que vous dites.

MORISET.

Comment, à ce que je dis!

JULIENNE.

Oui, en êtes-vous bien sûr?

MORISET.

Si j'en suis sûr?... J'en suis fou!... on est toujours fou quand on est amoureux!

JULIENNE.

C'est possible! mais on n'est pas toujours amoureux quand on est fou.

* Moriset, Julienne.

MORISET.

Nous sommes faits l'un pour l'autre!...

JULIENNE.

Vous croyez?...

MORISET.

J'ai été élevé avec elle...

JULIENNE.

Comme avec moi... je m'en souviens!

MORISET.

Et elle a toutes mes opinions!...

JULIENNE.

Ah! voilà autre chose!

Air de Madame Favart.

L'amour, le rapport des familles,
Voilà ce que l'on consultait,
Lorsque l'on mariait les filles...

MORISET.

On ne savait ce qu'on faisait!

JULIENNE.

Messieurs, ceci nous intéresse!
Maintenant il nous faudra donc,
Pour partager votre tendresse,
Partager votre opinion.

MORISET.

Il le faudra!

JULIENNE.

Moi, si je me mariais, mon opinion serait d'aimer mon mari.

MORISET.

Cette opinion n'est pas défendue, on peut la professer.

JULIENNE.

Et puis, ce que vous ne dites pas, Cécile est riche!... C'est que mon oncle Jumelle lui en a amassé, du bien, avec ses lorgnons, ses pince-nez et ses jumelles, auxquelles il a donné son nom.

MORISET.

Ouais! c'est un opticien qui a la vue longue, comme il le dit à tout bout de champ! Enfin elle me convient.

JULIENNE.

A la bonne heure! Mais vous n'avez pas trop l'air de lui convenir à elle.

MORISET.

Je n'ai pas l'air!... mais j'ai cinquante mille francs, moi!

JULIENNE.

C'est le Pérou!

MORISET.

J'ai un physique!

JULIENNE.

C'est du beau!...

MORISET.

Ça n'est pas du laid toujours!... je suis employé, à deux mille francs, de la Vieille Montagne!

JULIENNE.

Si c'était de la nouvelle, ça pourrait lui offrir quelques charmes...

MORISET.

Je suis aussi de la nouvelle.

JULIENNE.

Vous!... allons donc! est-ce que vous savez ce que vous êtes?... est-ce que vous vous doutez de ce que vous serez?

MORISET.

Je suis et je serai un honnête homme.

JULIENNE.

C'est à cause de ça!... Ce n'est pas vous qui vous ferez l'apologiste des Danton, des Marat, des Robespierre!...

MORISET.

Jamais!

Air du Verre.

Pour les auteurs de tant de maux
Que le mépris soit la justice!
Vouloir en faire des héros
C'est se déclarer leur complice!
Loin de nous rendre leur portrait,
Ah! pour notre honneur, notre gloire,
Ce sont des pages qu'il faudrait
Pouvoir arracher de l'histoire.

JULIENNE.

Bien dit, ça!

MORISET.

Moi... je suis un socialiste en herbe, tout bonnement.

JULIENNE.

Vous appelez cela tout bonnement ?

MORISET.

Je suis l'élève, le disciple, l'ami du célèbre Jacquemart!... ce Dieu du peuple...

JULIENNE.

Et surtout l'ami de cette maison, où tout le monde ne jure que par lui !... aussi, tous les matins à peu près à cette heure, il vient débiter sa doctrine en allant à son imprimerie pour ses brochures.

MORISET.

Et je ne conviendrais pas à Cécile ?

JULIENNE.

Dame ! on ne parle plus du tout de vous épouser.

MORISET.

On en reparlera, Julienne ! on en reparlera aujourd'hui, je viens ici pour ça !

JULIENNE, *à part.*

Juste comme les cartes !... (*Haut.*) C'est ce que nous verrons!...

MORISET.

Vous restez ?

JULIENNE.

Oui, nous ne sommes pas très-pressées d'ouvrage en ce moment : j'ai demandé à ma lingère de n'aller au magasin que dans l'après-midi... elle me l'a accordé, et je profiterai de la permission pour assister avec vous à la visite de M. Jacquemart. (*On entend la ritournelle de l'air suivant.*) Quelqu'un nous arrive.

SCÈNE II.

*JULIENNE, MORISET, CÉCILE, JUMELLE.

JUMELLE.

Air : Il faut, il faut quitter Golconde.

Je descends vite, voici l'heure
Qu'il passe par cette demeure,
Et quand je l'entends en ce lieu
S'exprimer avec tant de feu,

* Moriset. Cécile. Jumelle. Julienne. Hippolyte.

Je crois, vraiment, que c'est un Dieu !
Que c'est un Dieu !

CÉCILE.

Même air.

Je viens me joindre à vous, mon père ;
Il ne peut tarder, je l'espère,
Car avec plaisir, dans ce lieu,
J'écoute aussi, j'en fais l'aveu,
La parole de notre Dieu !
De notre Dieu !

HIPPOLYTE, *arrivant.*

J'ai bien vit' fini mon ouvrage,
Pour me trouver sur son passage ;
Quand il dit que chacun, morbleu !
Doit avoir un bon pot-au-feu,
Je crois vraiment que c'est un Dieu !
Que c'est un Dieu !

TOUS.

Je crois que c'est un Dieu !
Je crois que c'est un Dieu !

JUMELLE.

Ah ! nous sommes tous réunis !

CÉCILE.

Jusqu'à Julienne qui est des nôtres !...

JULIENNE.

Et le cousin Moriset.

MORISET.

C'est si doux d'être des vôtres !

JUMELLE.

Hippolyte, tu es sûr que la porte est bien gardée ?

HIPPOLYTE.

Bien gardée... oui, M. Jumelle ; mon père et ma mère sont à la loge... c'est ça des portiers pur sang ! (*Se frottant les mains.*) Et j'ai cru que je pouvais venir écouter la parole du grand Jacquemart...

JUMELLE.

Oui, mon ami, du très-grand Jacquemart,..

MORISET.

Du dieu Jacquemart !

JUMELLE.

Toi, prolétaire, tu as droit à la lumière de sa parole... comme à celle du soleil... Oh ! moi, j'ai la vue longue !

Air : Une fille est un oiseau.

D'être équitable, jaloux,
Quoi qu'on puisse dire et faire,
Je sais que le prolétaire
Est homme aussi bien que nous !
De peur qu'on ne le fourvoie,
Je veux toujours qu'il y voie !

HIPPOLYTE.

Vous nous donn'rez donc, quelle joie !
Un' log' plus à notre goût...
Car bien qu' nous soyons des hommes,
Monsieur, dans celle où nous sommes
Nous n'y voyons pas du tout ! (*bis.*)

JUMELLE.

Nous verrons... nous verrons.

HIPPOLYTE.

Nous verrons... nous verrons... l'ajournement... Dès qu'il faut améliorer, ça ne peut pas manquer !...

JUMELLE.

Mais il tarde bien...

TOUS.

Est-ce qu'il ne viendrait pas ?...

SCÈNE III.

*LES MÊMES, JACQUEMART.

(*Il arrive ayant sous le bras un paquet de brochures.*)

JACQUEMART, *entrant.*

Me voilà !... me voilà !... Bonjour, mes bons amis; bonjour, mes frères !... (*Il leur prend la main à tous.*)

HIPPOLYTE, *à part.*

J'ai touché sa main... ça me portera bonheur ! ça ne peut pas manquer !

JACQUEMART, *à Cécile.*

Voulez-vous permettre ?... (*Il lui prend la main, qu'il baise*

* Moriset, Julienne, Cécile, Jacquemart, Jumelle, Hippolyte.

avec respect; apercevant Julienne.) Pardon, mademoiselle... (*A part.*) La cousine aussi, il y a propagande! (*Haut.*) Je n'ose prendre la liberté...

HIPPOLYTE.

Dame! si c'est la liberté illimitée!

JUMELLE.

Jacquemart sait ce qu'il appelle la liberté!

JACQUEMART, *entre Cécile et Julienne.*

Air : Yelva.

La liberté que nous voulons défendre,
La liberté que rien ne doit ternir,
La liberté que chacun doit comprendre,
On ne sait pas pourtant la définir.

(*Regardant Julienne et Cécile.*)

Mais je vous vois, et du fond de mon âme,
Une voix me crie à l'instant :
La liberté c'est une femme!
Voilà pourquoi nous l'aimons tant!

JULIENNE, *à Cécile.*

Il est galant, votre Dieu!...

CÉCILE, *à Julienne.*

N'est-ce pas, qu'il est aimable?

JUMELLE.

Allons, allons... vous avez satisfait à la politesse... maintenant, satisfaites au vœu général... J'ai la vue longue... voyons les grandes vérités que vous émettez aujourd'hui.

MORISET.

Oui, avant de les faire imprimer, livrez-les d'abord à nos impressions!

TOUS, *le priant.*

Voyons!... voyons...

JACQUEMART.

Volontiers...

TOUS, *avec contentement.*

Ah!...

JACQUEMART, *leur donnant des brochures.*

Tenez...

JUMELLE.

Qu'est-ce que c'est que ça?

JACQUEMART.

C'est un catéchisme socialiste, que je vais publier !... on verra du nouveau là dedans.

HIPPOLYTE.

Et du beau !

JACQUEMART.

Air : M. Roger Bontemps

J'ai dit, j'ai répété
Que la société
Mourait de vétusté...
J'ai fini par être écouté.
Voyant partout et malheur et misère,
A l'Éternel, j'ai crié : Halte là !
J'ai dit que Dieu, c'était le mal sur terre...
J'ai trouvé mieux encore que cela !
J'ai prouvé que le sol,
De la France au Mogol,
N'avait point de licol,
Que posséder était un vol !
Brisant la loi sur laquelle on se fonde,
Et gémissant de la part de chacun,
J'ai dit que tout était à tout le monde,
Et qu'ici bas rien n'était à quelqu'un
J'ai fait voir que l'État
Seul était en état
D'avoir pour résultat
De posséder sans attentat !
Au locataire on demande son terme,
Il faut qu'il paie !... il s'y voit condamné ;
A cet abus j'ai voulu mettre un terme,
Mais ça n'est pas encore terminé !
Contre l'impôt tonnant,
J'ai trouvé surprenant
Que le Gouvernement
Dans son budget fût si gourmand ;
Non-seulement aujourd'hui je persiste
Dans mon passé, mais je déclare ici
Qu'enfin le droit de tout faire subsiste,
Pour l'homme...

HIPPOLYTE.

Oh! bien !

JACQUEMART.

Et pour la femme aussi !

HIPPOLYTE (*parlé*).

Encore mieux !

JACQUEMART.

J'ai dit, j'ai répété
Que la société
Mourait de vétusté...
J'ai fini par être écouté !

* HIPPOLYTE.

Pardon, monsieur... une question...

JACQUEMART.

Tant que tu voudras, mon ami !

HIPPOLYTE.

Avez-vous une maison, vous ?...

JACQUEMART.

Non.

HIPPOLYTE.

Non... ça ne peut pas manquer !

JACQUEMART.

Mais tout mon désir est d'en avoir une... pour t'y loger.

MORISET, JUMELLE, CÉCILE.

Est-il bon ?

HIPPOLYTE, *continuant.*

Pour m'y loger de manière à ce que j'y pourrais voir ?...

JACQUEMART.

Certainement...

HIPPOLYTE.

Que je voudrais donc vous en voir une !

JACQUEMART, *remontant la scène avec feu.*

Eh bien, aujourd'hui, je vais plus loin encore !...

JULIENNE.

Où va-t-il donc ?...

MORISET et JUMELLE.

Où allez-vous donc ?

JACQUEMART, *redescendant la scène.*

Dans ce livre, je traite de la nécessité de tout reconstruire !

* Moriset, Cécile, Julienne, Jumelle, Jacquemart, Hippolyte.

JUMELLE.

Ah! bravo! bravo!

MORISET.

Air de Partie carrée.

Il faut partout reconstruire, c'est sage...

JUMELLE.

Je me le suis répété bien souvent!

JACQUEMART.

Oui, mais il est encore un autre ouvrage
Que nous devons finir auparavant.
Tout tremble, craque et va de mal en pire,
Et le moyen, soyons francs jusqu'au bout,
De forcer à tout reconstruire,
C'est de renverser tout!.. (*bis.*)

TOUS.

Renverser tout!...

JACQUEMART, *avec feu et comique.*

Tout... la morale... la religion... la société... c'est logique!...

JUMELLE.

Quelle éloquence!

HIPPOLYTE.

Conçoit-on que le commerce et la confiance aient tant de peine à reprendre quand on vous explique si bien les choses!

JACQUEMART, *reprenant avec assurance.*

Et puis, j'aborde le capital...

HIPPOLYTE.

Vous abordez le capital?

JACQUEMART, *avec une générosité comique.*

Je sais qu'il est des travailleurs pleins de patience, de talent, qui l'ont acquis au prix de leurs veilles, de leurs sueurs...

JUMELLE.

Ah! oui, ce doux capital... il coûte bien cher quelquefois!

JACQUEMART.

Certainement! mais je n'en soutiens pas moins que la plupart du temps on ne l'acquiert qu'aux dépens de la fatigue, de la misère, de la santé, de la vie du peuple.

HIPPOLYTE.

Oh! bravo!... ça..., bravo!...

JUMELLE, MORISET, CÉCILE.

Bravo !... bravo !...

JACQUEMART.

Que souvent il va trouver l'homme heureux dans son lit... pendant qu'il dort...

HIPPOLYTE.

Et qu'il ronfle !

JACQUEMART.

De ce que je dis donc, et de mille exemples que je pourrais citer, je conclus que, pour purifier la source du capital, il faut savoir le répandre...

HIPPOLYTE.

Oui, le répandre dans nos poches.

JACQUEMART, *continuant.*

En faire profiter ses frères... de toutes les conditions...

HIPPOLYTE.

Sans oublier le portier.

JACQUEMART.

Portier compris.

Air : Un page aimait la jeune Adèle.

Plus d'un Crésus contre moi se déchaîne !
Mais j'y mets de l'entêtement :
Le Capital est comme une fontaine
Qui doit servir à tous également.

HIPPOLYTE.

Le Capital... une fontaine ! Point d'embûche.
Ah ! que ça vienne à se réaliser,
Et dût-on me traiter de cruche,
Jusqu'au goulot je jure d'y puiser.

JACQUEMART.

L'eau coule pour tout le monde.

HIPPOLYTE.

Monsieur, une question ?...

JACQUEMART.

Parle, mon ami...

HIPPOLYTE.

Avez-vous un capital... vous ?

JACQUEMART, *soupirant.*

Hélas! non.

HIPPOLYTE, *avec regret.*

Ça ne peut pas manquer!

JACQUEMART.

Mais j'en appelle un de tous mes vœux... pour t'en donner ta part!

HIPPOLYTE.

Pour m'en donner ma part!

CÉCILE.

Quel désintéressement!

HIPPOLYTE.

Que je voudrais donc vous en voir un!...

JACQUEMART.

Je n'ai maintenant qu'une banque, qui ne m'appartient pas!

JUMELLE, *avec feu.*

Jacquemart!... mon Dieu!... vous le savez, pour votre banque j'ai déjà fait une brèche à mon capital; eh bien, je veux encore en faire une, mais plus forte.

JACQUEMART.

Pour ma banque?

JUMELLE.

Non... pour ma nièce...

JULIENNE.

Pour moi!

JUMELLE.

Sa mère a perdu une somme de trente mille francs que, par mes conseils, elle avait placée imprudemment... Eh bien! cette somme, Julienne, je te la promets pour dot; le jour où tu te marieras elle te sera comptée.

JULIENNE.

Mon bon oncle!

JUMELLE, *montrant Jacquemart.*

Voilà qui tu dois remercier...

JULIENNE.

Pardon, je ne m'en doutais pas!

JUMELLE.

Air : Vaudeville de Jadis et Aujourd'hui.

C'est lui, Julienne, en conscience,
A qui tu dois ce cadeau-là ;
C'est lui, par sa douce éloquence,
Qui m'a fait bon comme cela !

JACQUEMART.

Eh quoi! monsieur, j'ai pu vous faire
Si bon et si juste en effet?
Vous me voyez, je suis sincère,
Etonné de ce que j'ai fait!

CÉCILE, *avec feu.*

Quelle modestie!... Ah! mon père, que vous me faites plaisir d'en agir ainsi pour Julienne... (*A Jacquemart.*) Merci, monsieur, de la bonne inspiration que vous avez donnée à mon père!

MORISET, *sérieux.*

Le fait est que trente mille francs c'est superbe!

HIPPOLYTE.

Mirobolant!

JACQUEMART, *à part*

Trente mille francs... et jolie... j'y songerai... (*Haut, tirant sa montre.*) Mes amis, mes frères... le libraire attend ces brochures.

TOUS.

Nous quitter déjà!...

HIPPOLYTE, *avec un transport comique.*

Monsieur le Dieu... ou plutôt citoyen... Dieu!... vous m'enlevez!... Daignez recevoir le prix de mes faibles économies.

JACQUEMART.

C'est dix francs!...

HIPPOLYTE.

Dix francs! les voilà!

Air : Vaudeville de l'Héritière.

L'argent qu'on verse à votre banque
Ne peut, assur't-on, qu'augmenter;
Et par lui, sans qu'jamais il manque,
Le peuple, qu'il faut bien traiter,
Chaque jour doit s'alimenter.
Confiant donc en vos promesses,

(*Montrant une pièce de cent sous de chaque main.*)

Sans déguiser mes appétits,
Je vous apporte ces deux pièces...
Pour qu'elles fassent des petits!

JACQUEMART, *prenant les deux pièces.*

Elles en feront, mon ami... elles en feront... L'argent du prolétaire, pas plus que ses vœux, ne doit rester stérile...

HIPPOLYTE, *lui serrant la main.*

Ça ne peut pas manquer.

ENSEMBLE.

Chœur des Gardes marines.

HIPPOLYTE, JUMELLE, CÉCILE.

Ah! bravo!
Que c'est beau!
Et quel noble caractère!
Ah! bravo!
Que c'est beau!
Et surtout que c'est nouveau!
Rendez la France prospère...
Soutenez le prolétaire...
Vous nous quittez, mais, j'espère,
Bientôt nous vous reverrons,
Et nous vous admirerons.

JULIENNE.

Ah! bravo!
Que c'est beau!
Mais serait-il donc sincère?
Ah! bravo!
Que c'est beau!
Et surtout que c'est nouveau!
Aurait-il ce caractère?
Ailleurs il est nécessaire :
Il nous quitte, mais, j'espère,
Bientôt nous le reverrons,
Et nous nous éclairerons.

JACQUEMART, *à part.*

Leur bravo
Au cerveau
Me monte, je suis sincère!
Leur bravo
Est si beau,
Qu'il me trouble le cerveau!
Combien ce jour m'est prospère!
Ailleurs je suis nécessaire :
Je vous quitte, mais, j'espère,
Bientôt nous nous reverrons,
Et nous nous éclairerons.

(Il sort reconduit par tout le monde.)

SCÈNE IV.

* JUMELLE, MORISET, CÉCILE, HIPPOLYTE.

CÉCILE.

Quelle délicatesse ! Quelle générosité !

JUMELLE.

Voilà de l'éloquence !

MORISET.

Et des idées !.. C'est celui-là qui en a ! Quelle gloire d'être son disciple !

JUMELLE, *à Hippolyte.*

Et toi, prolétaire, qu'est-ce que tu en penses ?

HIPPOLYTE.

Moi ? Est-ce que ça peut être douteux !

Air : On dit que je suis sans malice.

Pour tous ceux qui n'ont pas d'richesse,
Ses raisonn'ments sont pleins d'justesse !
Et, comm' moi je n'possède rien,
De tout's mes forc's je le soutien !
Mais, par un' douc' métamorphose,
Si je possédais quelque chose,
Je déclare qu'avec plaisir
Je f'rais tout pour le démolir !

MORISET.

Est-il égoïste !..

HIPPOLYTE.

Égoïste !... Je pense à moi... voilà tout !..

CÉCILE.

Un homme que vous devriez bénir...

HIPPOLYTE.

Je le bénis aussi... Dites donc, monsieur, vous donn'rez trente mille francs de dot à mams'elle Julienne... Et votre fille qu'est-ce qu'elle aura donc ?

JUMELLE.

Elle aura ma maison...

HIPPOLYTE.

Votre maison !.. Elle apportera votre maison à celui qu'elle épousera ?..

* Hippolyte, Jumelle, Moriset, Cécile, Julienne.

JUMELLE.

Sans-doute... Après?...

HIPPOLYTE.

Rien.. (*A part.*) Ça me va!.. Vaut mieux avoir affaire à Dieu qu'à ses saints.

JUMELLE.

Allons retourne à ta porte.

MORISET.

Oui, à ta porte.

TOUS.

A ta porte.

HIPPOLYTE.

J'y vas, j'y vas. (*A part.*) Pauvre Moriset!... Ça ne peut pas manquer...

SCÈNE V.

* JUMELLE, MORISET, CÉCILE, JULIENNE.

MORISET.

Maintenant, monsieur Jumelle, nous pouvons nous expliquer!..

JUMELLE.

Nous expliquer! sur quoi, mon garçon?

MORISET.

Vous rappelez-vous, il y a six mois, l'envie immodérée que vous aviez de faire la connaissance de Jacquemart, l'avocat, le dieu du peuple?

JULIENNE.

A quoi ça sert-il de rappeler ça?

MORISET.

Qu'est-ce que vous m'avez promis si je vous le faisais connaître? si je vous l'amenais chez vous, comme un ami?

JUMELLE.

Je te vois venir, j'ai la vue longue! je t'ai promis la main de ma fille.

MORISET.

Et Cécile alors adhérait au traité.

JULIENNE.

C'est pourtant vrai!

* Julienne, Jumelle, Moriset, Cécile.

CÉCILE, *tirant son père par l'habit.*

Mon père...

JUMELLE, *bas à sa fille.*

Attends!.. (*Haut.*) Moriset, tu agis dans la limite de ton droit, tu as ma parole, un honnête homme n'en a qu'une... je la passe à ma fille.

* JULIENNE, *à part.*

Je vais donc savoir...

CÉCILE, *que son père a fait passer près de Moriset.*

Écoutez :

Air du Pot de fleurs.

Lorsque ma main vous fut promise,
Je n'en conçus que du plaisir ;
Car, je croyais, fille tendre et soumise,
Que sans tarder l'amour allait venir.
Mon cœur n'a point une fierté bien haute,
Pour vous il était prévenu ;
Et si l'amour n'est pas encor venu,
Croyez que ce n'est pas ma faute!

MORISET et JUMELLE.

Qu'entends-je!

JULIENNE, *à part.*

Que dit-elle!

MORISET.

Quoi! Cécile, c'est vous qui ne voulez plus m'épouser?

CÉCILE.

Songez donc, Moriset, qu'en prenant un mari, c'est un gouvernement qu'on se donne!

MORISET.

Et vous craignez d'être mal gouvernée?

CÉCILE.

Dame! on en voit tant qui ne le sont pas bien!.. Je veux choisir mon président... Julienne en ferait autant que moi, à ma place?

JULIENNE.

Oh! moi, une fois que j'aurais voulu être gouvernée par quelqu'un, je crois que je le voudrais toujours.

JUMELLE.

Bah! bah! Les gouvernements s'usent si vite à présent!

* Jumelle, Cécile, Moriset, Julienne.

MORISET.

Ça ne peut pas excuser le changement de votre fille à mon égard.

JUMELLE.

Allons donc!...

Air : Qu'il est flatteur d'épouser celle.

Ta plainte, mon cher est étrange,
A la lumière ouvre tes yeux ;
C'est tout naturel que l'on change,
Il faut changer pour être mieux!

JULIENNE.

Pour être mieux?... Mais l'évidence,
D'après tout ce que je retien,
C'est que, depuis vingt ans, en France,
On change pour être moins bien.

SCÈNE VI.

* LES MÊMES, JACQUEMART, HIPPOLYTE.

HIPPOLYTE, *avec empressement et joie.*

Bonne nouvelle! v'là m'sieu Jacquemart qui revient.

TOUS.

Jacquemart!..

JUMELLE, *rassemblant Moriset, Cécile et Julienne autour de lui.*

Voyons... mes enfants... ne nous mangeons pas!.. (*Il prend Moriset et Cécile sous le bras, et les tient à part avec Julienne.*)

HIPPOLYTE, *à Jacquemart qui paraît.*

Je vous le répète, monsieur... la fille et la maison... si vous voulez... ça ne peut pas manquer!..

JUMELLE, *à Moriset et à Cécile.*

Prenons pour juge... celui qui vient d'entrer...

CÉCILE, *timidement.*

Pour juge?

JUMELLE, *à Jacquemart.*

Vous arrivez à propos pour nous mettre d'accord.

JACQUEMART.

Vous n'êtes pas d'accord?

* Julienne, Cécile, Jumelle, Moriset.

MORISET, *vivement.*

Il s'en faut !..

JACQUEMART.

Il s'en faut ?.. Des frères !.. Qu'y a-t-il donc, mes chers amis ?

MORISET.

Il y a que Cécile demande à réfléchir avant de m'épouser...

JACQUEMART, *à part et ivre de joie*

Il serait vrai ?

HIPPOLYTE, *à part.*

C'est ça.

JACQUEMART, *observant Cécile.*

Mademoiselle demande à réfléchir ?... C'est fort bien.

MORISET, *vivement.*

Fort bien !...

JACQUEMART.

Rien n'est plus heureux que ce changement.

MORISET, *à part, avec un étonnement comique.*

Heureux ?...

*JACQUEMART.

Oui, heureux... et gardez-vous bien, mademoiselle, d'en rougir !... l'esprit qui change prouve par cela même qu'il raisonne, compare et cherche ce qui est bien.

CÉCILE, *naïvement et levant les yeux.*

Je ne cherche pas autre chose !

HIPPOLYTE, *à part.*

Elle l'a regardé !

JACQUEMART, *avec feu comique.*

Moi-même, est-ce que je n'ai pas passé par toutes les erreurs, avant d'arriver à la vérité...

CÉCILE.

Comment résister à sa parole !...

MORISET.

Je n'avouerai jamais que c'est heureux qu'elle ne veuille plus m'épouser.

JACQUEMART.

Parce que tu n'écoutes que toi... et que tu t'aveugles... Mais je t'éclairerai...

* Julienne, Jumelle, Jacquemart, Cécile, Moriset, Hippolyte.

TOUS.

Oui, oui, éclairez-le.

JACQUEMART.

Air : Valse de Giselle.

Laissez-moi seul lui montrer la lumière,
C'est un brave et digne garçon!
De lui parler je connais la manière;
Il entendra, croyez-moi, la raison!

MORISET.

Cette pilule, à prendre, est trop amère
Et ne se peut dissimuler...

JACQUEMART, *à part.*

Quoi qu'il en dise, moi j'espère
Qu'il finira par l'avaler!

ENSEMBLE.

JACQUEMART, *à Jumelle, Cécile, Julienne.*

Laissez-moi seul lui montrer la lumière,
C'est un brave et digne garçon!
De lui parler je connais la manière;
Il entendra, croyez-moi, la raison!

JUMELLE, CÉCILE, JULIENNE.

Nous vous laissons lui montrer la lumière;
C'est un brave et digne garçon!
De lui parler vous avez la manière;
Sans aucun doute il entendra raison.

HIPPOLYTE.

Pour ne point voir, quand on a la lumière,
Il faudrait qu'on fût un oison;
De lui parler il connait la manière;
Il va lui faire entendre la raison!

(Jumelle, Cécile, Julienne, Hippolyte sortent.)

SCÈNE VII.

JACQUEMART, MORISET.

MORISET.

Comment? c'est vous qui leur donnez raison contre moi?

JACQUEMART.

Certainement... parce que tu as tort...

MORISET.

J'ai tort de lui reprocher de ne plus m'aimer... quand elle m'aimait il y a six mois?...

JACQUEMART.

Grand tort... Elle t'aimait, dis-tu, il y a six mois? Eh bien, de deux choses l'une : Ou elle doute, et alors, c'est de la plus grande délicatesse à elle de demander à réfléchir... ou elle ne t'aime plus, et alors c'est de la plus grande niaiserie à toi de n'en pas faire autant à son égard... Tous les torts sont de ton côté!...

MORISET.

Si je le croyais!...

JACQUEMART.

Eh bien?

MORISET.

Air : *Un homme pour faire un tableau.*

Par ma faute si je la perds,
Cécile étant pour moi la vie,
Je veux mourir!

JACQUEMART.

Pour ce revers,
Abjure une pareille envie!
A ce monde l'on doit tenir;
Car on a, c'est la loi commune,
Mille occasions d'en sortir,
Et pour entrer on n'en a qu'une!

MORISET.

Mais, puisque je ne peux pas vivre sans elle... puisque...

JACQUEMART.

Puisque... tu patauges!...

MORISET.

Je patauge... je patauge... c'est vrai; vous avez une façon de tourner les choses qu'on n'y comprend plus rien; mais c'est égal... j'en ai la conviction, c'est une indignité de sa part.

JACQUEMART.

Du tout... ce n'est pas une indignité, rentrons dans la vérité; c'est de l'entêtement déraisonnable à contrarier les goûts, les penchants, que naissent tous les accidents du mariage, et toutes les énormités qui se commettent dans toutes les classes de la société!

MORISET.

Il faut pourtant...

JACQUEMART.

Il faut ne forcer personne... La femme, en général, c'est comme la propriété : elle doit être au plus aimable ; comme le sol, à celui qui le cultive le mieux ! Le mariage en lui-même est absurde... Il ne sera une bonne institution que lorsqu'on pourra divorcer à son gré.,. je l'ai écrit... n'oublie donc jamais ça...

MORISET.

Mais les enfants...

JACQUEMART.

Dans mon système, tout enfant appartient à l'État, qui doit en prendre soin.

MORISET.

Le père et la mère?...

JACQUEMART.

Réformés!... L'enfant ne les connaît pas!

Air : Aussitôt que la lumière.

Aussitôt que la lumière
Le frappe de son éclat,
Sa patrie.. il l'a pour mère;
Et son père... c'est l'État!

MORISET.

Très-bien... et, choses possibles,
Quand l'État les fâchera,
Ce sont les enfants terribles,
Qui fouetteront leur papa!

JACQUEMART.

Moriset, vous manquez de respect au socialisme.

MORISET.

C'est que je ne comprends plus rien à ce que vous voulez faire de la société.

JACQUEMART.

Quand un chapon est cuit d'un côté, qu'est-ce qu'on fait?

MORISET.

On le retourne.

JACQUEMART.

La société en est là...

MORISET.

Elle est cuite

JACQUEMART.

D'un côté...

MORISET.

Et vous voulez la retourner comme un chapon ?

JACQUEMART, *impatienté.*

Mais j'ai écrit tout cela, tu ne te rappelles donc rien !...

MORISET.

Je me rappelle... je me rappelle... que Cécile m'aimait !

JACQUEMART.

Tu ne sors pas de là !... Eh bien, voyons : il n'y a pas d'effet sans cause ; pourquoi t'aimait-elle ?... parce qu'elle ne voyait rien de mieux que toi...

MORISET, *vivement.*

De mieux que moi !...

JACQUEMART.

Un mari, pour une jeune fille, c'est comme une étoffe... elle en voit une qui est bien, elle la désire : elle en voit une autre qui est mieux... elle la prend !...

MORISET, *s'animant de plus en plus.*

Elle la prend ?...

JACQUEMART.

Si elle ne veut plus t'épouser... c'est que probablement elle a remarqué quelque chose de mieux que toi...

* MORISET.

De mieux que moi ?... (*Avec une fureur comique.*) Ah ! que je le connaisse donc... ce mieux que moi ! je lui saute au visage... et je le défigure si bien, qu'elle sera trop heureuse de me préférer.

JACQUEMART, *à part.*

Diable ! ça ne ferait pas mon compte.

MORISET.

Mais où l'aurait-elle remarqué, ce bel homme... Elle ne voit que moi et puis vous... vous ?

JACQUEMART, *à part.*

Il met le doigt dessus !...

MORISET.

Ah ! mon Dieu !... est-ce que ce serait vous ?...

* Moriset, Jacquemart.

JACQUEMART, *avec un étonnement comique.*

Moi !... (*A part.*) C'est le moment de la pilule. (*Haut.*) Moi... elle m'aurait remarqué!.. moi, qui mets tous mes soins à éviter ses regards... à cause de toi !... Moi, qui lui adresse si peu de mots aimables, quoiqu'elle y prête tant... à cause de toi !... Moi, qui ne fixe qu'à regret mes yeux sur elle... à cause de toi !... Moi, qui suis avec elle d'une réserve si puérile, si méticuleuse... à cause de toi ..

MORISET, *lui prenant la main.*

Quelle sagesse!... quel cœur !... Brave homme !... digne ami !

JACQUEMART, *reprenant avec enthousiasme.*

Ah ! mon cher Moriset, si malgré tant de soins, tant de précautions, de retenue, une sauvagerie si extraordinaire devant tant de charmes... elle m'avait remarqué... si j'étais la cause... sans m'en douter... (*Lui prenant le bras droit de ses deux mains*) conviens-en, cher ami... que d'amour ne lui devrais-je pas ?

MORISET, *gesticulant fortement de son bras gauche.*

Hein ! .. qu'est-ce que vous dites donc ?

JACQUEMART, *lui prenant les deux bras.*

Toi, dont l'attachement pour moi est sans bornes, qui me connais comme toi-même, sens-tu combien je devrais l'aimer à mon tour ?

MORISET, *secouant ses bras.*

Mais non, mais non, je ne sens pas du tout!

JACQUEMART.

Oh ! que si... oh ! que si ! tu le sens. (*Lui lâchant les bras et à part.*) Allons, c'est avalé... et je ne suis pas défiguré. (*Haut.*) Et quelle occasion pour toi, mon cher disciple, de mettre ma doctrine en pratique ! de montrer ta délicatesse... ton désintéressement... en cessant de prétendre à son cœur ..

MORISET.

Mais c'est me demander ma place.

JACQUEMART.

Si c'est la mienne et non la tienne !

MORISET.

La vôtre !

JACQUEMART, *avec une cafarderie comique.*

Air : Ah ! pauvre Jacques.

Ah !... pauvre ami, si véritablement
De son cœur elle te rejette,
Permets-moi de... te dire tendrement :
Ote-toi de là que j'm'y mette ! (*bis.*)

MORISET.

Je ne veux pas m'ôter et il faut que je sache à quoi m'en tenir !.. que je la fasse expliquer.

JACQUEMART.

L'idée est bonne !

SCÈNE VIII.

*LES MÊMES, CÉCILE.

CÉCILE, *arrivant à part.*

Ils sont encore ensemble.

MORISET, *apercevant Cécile, à Jacquemart.*

Justement la voilà...

JACQUEMART.

Alors, je vais...

MORISET, *l'arrêtant.*

Non, c'est moi...

JACQUEMART.

Tu veux aller ?...

MORISET.

C'est une satisfaction que je vous demande.

JACQUEMART, *lui prenant la main.*

A la bonne heure,.. va !... va... mais va bien !...

MORISET.

Oh ! j'irai sans m'arrêter. (*Il se consulte.*)

CÉCILE, *à part.*

Ce bon Moriset !... Il est désespéré... pour quelqu'un qui peut-être n'a jamais pensé à moi... ou n'y pensera jamais... Rendons-lui l'espoir !... (*Moriset et Cécile vont l'un vers l'autre.*)

CÉCILE.

Moriset...

MORISET, *l'interrompant.*

Cécile... Savez-vous ce qui se passe entre M. Jacquemart et moi ?...

CÉCILE.

Que se passe-t-il donc ?..

JACQUEMART, *à part.*

Parfaitement entamé, il ne va pas mal du tout !...

* Cécile, Moriset, Jacquemart.

MORISET, *à Cécile.*

Air : Vaudeville des Maris ont tort.

Il n'est aucun effet sans cause ;
Si notre hymen est différé,
Dit-il, quand je vous le propose,
C'est que quelqu'un m'est préféré!
Qui plus aimable s'est montré...

CÉCILE, *étonnée et timidement.*

Quelqu'un?...

JACQUEMART, *à part.*

C'est ça, pour moi travaille !
Dis tout... sans que je risque rien!...

MORISET, *bas à Jacquemart.*

Comme il faut trouvez-vous que j'aille ?

JACQUEMART, *bas à Moriset.*

Je trouve que tu vas très-bien!

MORISET, *encouragé.*

Alors, Cécile... je lui ai répondu, comme vous ne voyiez ici que moi... et lui, que ce quelqu'un, s'il existait, c'était lui !...

CÉCILE, *à part.*

Lui !.. (*Haut, avec agitation.*) Et qui vous a dit de répondre ainsi?...

MORISET*.

Personne... Mais vous pouvez me démentir !...

CÉCILE, *vivement.*

Vous démentir?... Est-ce que c'est honnête ?...

MORISET.

Je le trouverai très-honnête !

CÉCILE.

Et si c'est honnête pour vous, sera-ce honnête pour Monsieur ?...

JACQUEMART, *à part.*

Elle est charmante !...

CÉCILE.

S'il ne me plaisait pas de vous démentir... ça vous ferait-il plaisir ?...

* Moriset, Cécile, Jacquemart.

MORISET.

Ça me pincerait ferme!

CÉCILE.

Air du Démon de la nuit.

De cette parole imprudente
Non, vraiment, je ne reviens pas;
Elle m'afflige, me tourmente...
(*A Jacquemart.*)
Voyez, monsieur, mon embarras!
Mon front malgré moi se colore,
De ce qu'il vous a dit ici;
Et lui donner un démenti
M'embarrasse bien plus encore!

MORISET, *à Cécile.*

C'est démenti... c'est tout ce qu'il faut!,..

JACQUEMART, *avec feu.*

Ah! soyez tranquille, mademoiselle.,. je n'ai rien cru... comment aurais-je pu croire à tant de bonheur!...

CÉCILE.

Que dit-il!...

MORISET.

C'était impossible!

JACQUEMART, *reprenant.*

J'avoue que dès le moment que je vous ai vue, j'ai été saisi de la plus douce émotion qui se puisse concevoir!...

CÉCILE, *à part.*

Il m'aimait!

MORISET, *comiquement.*

Pourquoi en dire tant, puisque c'est démenti?

JACQUEMART, *reprenant.*

Mais j'avoue aussi que, sans cette circonstance, je vous aurais toujours caché cet amour, par amitié pour Moriset...

CÉCILE.

Quelle générosité!...

MORISET.

Oui, c'est pas mal... mais c'est inutile, puisque c'est démenti...

JACQUEMART, *avec sentiment.*

D'ailleurs, quel droit aurais-je pu avoir à votre cœur?... L'ardeur sans pareille dont je suis enflammé?.. Mais pour oser se déclarer, il faut avoir su lire un tendre retour dans les yeux de l'objet adoré...

et c'est être égoïste que de vouloir être aimé par la seule raison que l'on aime !...

CÉCILE, *à part.*

Que c'est doux à entendre ! Et moi, qui venais...

MORISET.

Un instant... ça pourrait reprendre... C'est être égoïste que de vouloir être aimé par la raison que l'on aime ?... Mais il me semble, à moi, que c'est la meilleure raison... et que quand on chérit une jeune fille depuis son enfance... qu'on lui donnerait tout ce que l'on possède... qu'on a été élevé avec elle comme un frère, qu'elle a toujours été pour vous comme une sœur...

CÉCILE, *vivement.*

Ah ! certainement, bon Moriset, un frère, une sœur.., ça ne peut pas s'oublier !...

MORISET.

Ça ne peut pas s'oublier !... Eh bien, Cécile, qui vous retient encore ?...

JACQUEMART.

Je vous en supplie, mademoiselle, rendez heureux celui que vous aimez, et ne songez qu'à vous en le choisissant...

MORISET.

Vous voyez, il vous supplie aussi...

JACQUEMART.

N'hésitez plus...

CÉCILE, *vivement.*

Je n'hésite pas !... je suis prête à nommer mon époux devant mon père...

JACQUEMART.

Nous allons le chercher...

MORISET.

Oui, allons....

JACQUEMART.

Et quel que soit le nom que vous prononcerez, nous jurons qu'il ne sortira aucune plainte de notre bouche.

MORISET.

Ah ! moi... je ne jure pas ça, quand je souffre... je crie !... Et puis, je n'ai pas besoin de jurer... Allons, mon maître.

JACQUEMART.

Ton maître...

* MORISET.

Oui, mon excellent maître... c'est démenti... Elle se décidera devant son père... Allons le chercher... je crois que je vais toujours joliment !

JACQUEMART.

Je l'espère ! (*Ils sortent bras-dessus bras dessous.*)

SCÈNE IX.

CÉCILE, *puis* JULIENNE.

CÉCILE.

Ah ! je ne sais plus où j'en suis !... Tout ce qui m'arrive a l'air d'un songe... Il m'aimait !... Que dis-je ?... Il m'aime... lui, cet homme à part... ce Dieu !...

** JULIENNE, *arrivant tout agitée.*

C'est donc vrai, Cécile, tu te maries, à présent? Je viens d'entendre Moriset l'annoncer tout joyeux à ton père...

CÉCILE.

Tout joyeux ?... Ce bon Moriset !...

JULIENNE, *les larmes aux yeux.*

Certainement, qu'il est bon !

CÉCILE.

Oui, Julienne... oui, je vais me marier... J'attends mon père pour le lui déclarer.

JULIENNE.

Que tu es heureuse !

CÉCILE.

Ah ! je t'en réponds !

Air de la Vénus Hottentote.

Le mari dont je prends la chaîne
N'était vraiment fait que pour moi !
Il ne pouvait aller, Julienne,
Qu'à moi seule, j'en suis certaine...

JULIENNE.

Il m'aurait été, je le croi,
Tout comme à toi. (*ter*)

* Jacquemart, Moriset, Cécile.
** Julienne, Cécile.

CÉCILE.

Ah ! pour ça, tu es dans l'erreur !...

JULIENNE.

Mais tout à l'heure tu le refusais...

CÉCILE, *vivement et avec étonnement.*

Je le refusais, moi !...

JULIENNE, *lui montrant Jumelle, Jacquemart et Moriset qui entrent.*

Tiens, les voilà !

SCÈNE X.

*CÉCILE, JULIENNE, JUMELLE, JACQUEMART, MORISET, HIPPOLYTE.

ENSEMBLE.

(Dilettante d'Avignon.)

Vive, vive un mariage
Où l'amour seul nous engage!
Le bonheur suit en ménage
Le choix d'une fille sage!
Vive, vive un mariage!

CÉCILE, *avec joie à son père.*

Oui, mon père, mon choix est fait.

MORISET.

Écoutez... écoutez...

CÉCILE.

Air : Je sais attacher des rubans.

De Moriset je sais l'attachement,
Je sais quel est son caractère ;
Je sais ce que son dévouement
Est pour moi capable de faire!
Je sais qu'il doit être chéri,
Car sa pensée est à moi tout entière ;
Et lorsque je prends un mari,
Je veux qu'il soit toujours mon frère...

TOUS.

Qu'entends-je !

* Hippolyte, Moriset, Jacquemart, Cécile, Jumelle, Julienne.

MORISET.

Ça ne se peut pas !...

CÉCILE, *montrant Jacquemart.*

Voilà celui que je prends pour mari,
(Tendant la main à Moriset.)
Et vous serez toujours mon frère!

TOUS.

Vive, vive un mariage
Où l'amour seul nous engage!
Le bonheur suit en ménage
Le choix d'une fille sage!
Vive vive un mariage!

MORISET.

Au diable le mariage
Qui me blesse et qui m'outrage!
Quand je souffre, quand j'enrage,
En criant je me soulage!
Au diable le mariage!

JULIENNE, *à part.*

Vive, vive un mariage
Qui vient me rendre courage!
Les cartes dans leur langage
M'avaient donné ce présage!
Ah! vive le mariage!

HIPPOLYTE.

J'y verrai clair, j'espère!
La maison est à lui!
Merci!

MORISET.

La douleur m'exaspère!

JULIENNE, *avec joie.*

Tout est changé!

JUMELLE.

Quel gendre j'ai!

JACQUEMART, *transporté.*

Marié! quel délire!
Ah! d'être un Dieu
Je fais le vœu!

JULIENNE, *bas à Cécile.*

Promets-moi de me dire
Si c'est un bon mari qu'un Dieu!

CÉCILE.

Je te le dirai !

ENSEMBLE.

Vive, vive un mariage
Où l'amour seul nous engage !
Le bonheur suit en ménage
Le choix d'une fille sage !
Vive, vive un mariage !

ACTE II

Un salon fermé, porte à deux battants au milieu, dans le fond ; porte à gauche au 2e plan. Table, et, dessus, papiers et tout ce qu'il faut pour écrire.

SCÈNE I.

* CÉCILE, JULIENNE.

CÉCILE.

Par ici, Julienne... nous causerons tandis que mon mari repose. Il y a donc du nouveau ?

JULIENNE.

Il y a un grand événement.

CÉCILE.

Un grand événement !... Parle vite.

JULIENNE.

Ma lingère songe à se défaire de son fonds... et m'a parlé pour moi d'un parti convenable.

CÉCILE.

Tu veux te marier ?

JULIENNE.

Tu m'as donné l'exemple ; et il est important que je sache si je puis toujours compter sur les trente mille francs que mon oncle m'avait promis.

CÉCILE.

J'espère que mon père ne demande pas mieux que de tenir sa promesse ; mais il y a une difficulté.

* Julienne, Cécile.

JULIENNE.

Laquelle ?

CÉCILE.

C'est que maintenant cet argent est entre les mains de mon mari.

JULIENNE.

Tant mieux !

CÉCILE.

Tant pis, Julienne !

JULIENNE.

N'est-ce pas lui qui excitait la générosité de mon oncle, en lui répétant sans cesse que le capital devait se répandre ?

CÉCILE.

Depuis deux ans que nous sommes en ménage, mon mari s'est beaucoup modifié.

JULIENNE.

Modifié ?...

CÉCILE.

C'est le mot !

Air : Vaudeville de l'Écu.

Quand on passe du blanc au rouge,
Ou qu'au blanc on s'est rallié,
Sans que la conscience bouge,
Quoi qu'on ait d'abord publié :
On dit qu'on s'est modifié.

JULIENNE.

Tant de gens se sont sans relâche
Modifiés jusques au cœur,
Que de leur première couleur,
Il ne reste plus qu'une tache !

CÉCILE.

Mon mari n'a pas quitté sa couleur ; seulement, il est père de famille, il a un fils, une femme... une maison... il calcule..; et puis, je n'en fais pas ce que je veux.

JULIENNE.

Tu me fais trembler !... Est-ce que ton Dieu ne serait pas un bon mari ? Tu m'as promis de me dire la chose exactement.

CÉCILE.

Je te la dirai... Oh ! à présent je connais tous les amis politiques qui vivent autour de lui.

Air : Mon Galoubet.

Tant qu'ils n'ont rien (*bis*),
Toujours ils ont même langage :
Le bourgeois du peuple a le bien ;
A l'équité c'est un outrage !
Ils veulent que tout se partage...
Tant qu'ils n'ont rien !

JULIENNE.

C'est comme les amoureux, ma chère.

Même air.

Tant qu'ils n'ont rien (*bis*)
Obtenu, pour gagner leur cause
Nous plaire est leur unique bien !
Sans que leur ardeur se repose,
Ils nous demandent quelque chose...
Tant qu'ils n'ont rien.

CÉCILE.

Mais toi qui étais si chagrine quand tu croyais que Moriset allait m'épouser, tu ne penses donc plus à lui ?

JULIENNE.

Il le faut bien ! puisqu'il ne veut pas absolument penser à moi... et qu'il veut toujours penser à toi... au point qu'il est venu loner dans votre maison.

CÉCILE.

Julienne, je te regarde comme ma sœur, je veux que tu sois heureuse, je veux que pour bien t'établir tu aies les trente mille francs.

JULIENNE.

Bonne cousine !...

CÉCILE.

Je veux...

JULIENNE.

Tu veux encore quelque chose ?...

CÉCILE.

Je veux enfin, épouse et mère avant tout, que mon mari ne fasse rien passer avant moi.

JULIENNE.

C'est ça ! pas de passe-droit !

CÉCILE.

Oh ! je suis modifiée aussi, moi !

JULIENNE.

Dis donc que tu t'es bonifiée.

JACQUEMART, *dans la chambre à gauche.*

C'est déloyal ! Il y a de la mauvaise volonté.

CÉCILE.

C'est mon mari qui se plaint de quelques-uns de ses locataires... Viens, je te dirai mon projet. (*Elles sortent par la porte de droite.*)

SCÈNE II.

JACQUEMART ; HIPPOLYTE, *un paquet de quittances d'une main et un plumeau de l'autre.*

* JACQUEMART.

Comment tu me rapportes toutes mes quittances?

HIPPOLYTE.

Toutes. Hier, 15, votre concierge, qui est aussi mon père, est monté à chaque étage avec toutes vos quittances... et il est descendu comme il était monté...

JACQUEMART.

Conçoit-on de pareils locataires? Mais ont-ils dit au moins quand ils paieraient?

HIPPOLYTE.

Quant à ça, oui monsieur... Ils ont dit qu'ils paieraient plus tard...

JACQUEMART.

Plus tard!... plus tard!... Mais c'est indéfini!...

HIPPOLYTE.

Oh! c'est un délai... ça ne peut pas manquer. (*A part.*) Ça n'est pas comme sa banque, qui m'a emporté mes dix francs!...

JACQUEMART.

Ça me passe!... car enfin le commerce semblait se relever...

HIPPOLYTE.

Oui, il semblait...

JACQUEMART.

Et je comptais sur mes loyers.

HIPPOLYTE.

Comptez-y toujours ; mais vous avez le temps d'attendre.

* Jacquemart, Hippolyte.

JACQUEMART.

Le temps d'attendre... n'ai-je pas un fils?

HIPPOLYTE.

De douze mois... c'est vrai...

JACQUEMART.

Ne dois-je pas songer à l'avenir?.. A présent c'est la nourrice sur lieu, qu'il faut payer... mille soins auxquels il faut pourvoir.., Dans quelques années, ce sera son éducation !...

HIPPOLYTE, *à part.*

C'est ça, tout pour le moutard !... Et dire qu'il ne m'a pas même offert de me rendre mes deux pièces de cent sous, et qu'nous n'y voyons pas plus clair qu'auparavant dans notre loge.

JACQUEMART.

Mon fils, ma femme !... C'est si doux, une famille !...

HIPPOLYTE, *à part.*

Égoïste !... et ça se dit citoyen !... Si y avait moyen, comme je le planterais là !...

JACQUEMART.

Que ma femme ne pense qu'à moi, qu'elle n'aime uniquement que moi... c'est tout ce que je lui demande !...

HIPPOLYTE, *à part.*

Excusez du peu !...

JACQUEMART.

Hippolyte !

HIPPOLYTE.

Monsieur...

JACQUEMART.

Tu m'es attaché?

HIPPOLYTE, *avec intention.*

Je vous suis attaché... comme quelqu'un qui ne peut pas s'en aller !...

JACQUEMART.

N'as-tu pas remarqué que ma femme m'aime plus que jamais?...

HIPPOLYTE, *comiquement et avec l'air du doute.*

Hé !... hé !... hé !...

JACQUEMART.

Qu'est-ce que tu dis?

HIPPOLYTE.

Je dis : hé !... hé !... hé !... rien de plus... A propos, monsieur, j'avais oublié de vous dire que M. Moriset...

JACQUEMART, *vivement.*

Moriset....

HIPPOLYTE.

Oui, M. Moriset, dont le premier terme est échu d'hier, a répondu, lui, qu'il passerait ce matin chez vous...

JACQUEMART.

En m'apportant son terme, il saisira l'occasion de me voir...

HIPPOLYTE.

Vous voulez dire de voir votre femme?...

JACQUEMART, *vivement.*

Ma femme!...

HIPPOLYTE.

Il paraît bien plus lié avec votre femme qu'avec vous!...

JACQUEMART, *avec une dignité comique.*

Monsieur Hippolyte, ma femme n'est liée qu'avec moi...

* HIPPOLYTE.

Je ne dis pas le contraire... je dis seulement ce qui paraît!...

JACQUEMART, *avec agitation.*

Je suis parfaitement tranquille de ce côté.

HIPPOLYTE.

Je le vois bien...

JACQUEMART, *à part, avec agitation.*

C'est que le gaillard est dangereux!.,. Il est imbu de mes doctrines... Cécile regrette peut-être de m'avoir préféré à lui!...

HIPPOLYTE, *tout en époussetant.*

Oh! un gant!...

JAQUEMART, *avec inquiétude*

Un gant?...

HIPPOLYTE.

Oui... M. Moriset a laissé son gant...

JACQUEMART, *vivement*

Il a laissé son gant... quand donc?... (*Le regardant.*) Eh! non! c'est le mien! l'autre est dans mon chapeau!

HIPPOLYTE.

C'est le vôtre?... Ah! tant pis!

* Hippolyte, Jacquemart.

JACQUEMART.

Comment, tant pis?

HIPPOLYTE.

Tant pis!... si je me suis trompé..,

JACQUEMART.

Imbécile!

HIPPOLYTE.

Dam!... j'ai cru... Prenez que j'ai mal vu!

JACQUEMART, *agité, avec humeur.*

Allons, laisse-moi!...

HIPPOLYTE.

Déjà?

* JACQUEMART.

Oui, déjà... Va disposer le salon, c'est aujourd'hui que j'attends mes amis politiques, je dois présider la séance.

HIPPOLYTE.

J'y vas... Ah! monsieur! à propos, dites-moi donc... là-bas à l'assemblée, le président fait aller la sonnette presque à chaque instant pendant la séance; et vous, ici, vous ne la faites aller qu'au commencement et à la fin...

JACQUEMART, *avec impatience.*

Oui, pour annoncer qu'elle est ouverte et qu'elle est levée: je ferais déserter tous les locataires de ma maison si j'employais les mêmes moyens qu'à l'assemblée des représentants.

Air : Adieu, je vous fuis, bois charmant.

La sonnette leur fait défaut,
Et quand s'échauffe la séance,
C'est une cloche qu'il leur faut
Pour les ramener au silence.

HIPPOLYTE.

Un' cloche! c'est plus imposant!
Mais c'est donc pour ça, sans reproche,
Que dans la Chambre maintenant
Y a toujours queuqu' chose qui cloche!

JACQUEMART.

T'en iras-tu?

HIPPOLYTE.

Tout de suite. (*On frappe.—A part.*) Ça mitonne!

* Jacquemart, Hippolyte.

JACQUEMART.

Qui frappe?

HIPPOLYTE, *ouvrant.*

Entrez!.. (*Annonçant.*) M. Moriset. (*S'en allant en se frottant les mains.*) Ça ne peut pas manquer!

SCÈNE III.

* JACQUEMART, MORISET.

JACQUEMART.

Sois le bienvenu, mon cher Moriset!

MORISET, *comme s'il s'attendait à trouver une autre personne.*

Ah! c'est vous?...

JACQUEMART.

Mais oui... c'est moi... Pourquoi cet air surpris?... Il me semble, mon ancien disciple, qu'aujourd'hui surtout, c'est moi que tu dois rencontrer ici?... Tu m'apportes ton terme?

MORISET.

Mon terme!... Pourquoi faire?...

JACQUEMART.

Comment?... pourquoi faire?... Mais pour que je vive!...

MORISET.

Ah! bah!...

JACQUEMART.

Que mon enfant vive!...

MORISET.

Allons donc!...

JACQUEMART.

Que je paie mes domestiques... mes ouvriers!...

MORISET.

Ça fait pitié!... Logez-les pour rien vos ouvriers... nourrissez-les... donnez-leur tout ce qu'il leur faut, ils ne vous demanderont pas d'argent.

JACQUEMART.

Mais pour que je leur donne, il faut que j'aie...

MORISET.

Mauvaise raison.

* Moriset, Jacquemart.

JACQUEMART.

Mauvaise raison?

MORISET.

Oui, raison de ceux qui ne veulent pas donner... Je vous le demande, à vous... Est-ce qu'on doit payer son terme?...

JACQUEMART.

Si on doit payer son terme!.. Tu me le demandes?.. Pourquoi donc es-tu venu loger dans ma maison?

MORISET.

Pour ne pas payer de terme!.. Payer son terme!.. Vous savez bien que c'est un abus... un abus criant...

JACQUEMART.

Mais quand on a une propriété?..

MORISET.

Est-ce qu'on doit avoir une propriété?.. Les propriétés sont à tout le monde.

JACQUEMART, *furieux.*

Qui est-ce qui a dit ça?..

MORISET.

Vous!..

JACQUEMART.

Moi?..

MORISET.

Sans ça, est-ce que je le dirais?.. Ne suis-je pas votre disciple?

JACQUEMART.

Mais pourquoi alors es-tu venu ici?

MORISET.

Pour voir votre femme.

JACQUEMART.

Ma femme!.. Il me dit cela à mon nez!..

MORISET.

Et pourquoi donc me gênerais-je? Je suis un honnête homme!

JACQUEMART.

Un honnête homme!

MORISET.

Vous avez ébloui, séduit, épousé ma fiancée.., mais avez-vous pu penser un instant que je cesserais de l'aimer par la raison que vous l'appelleriez votre femme?... Votre femme! votre femme!.. C'est un mot que tout cela!

JACQUEMART.

Un mot?

MORISET.

Concevez-vous rien de plus ridicule que d'être forcé de rester avec une personne, qu'on l'aime, ou qu'on ne l'aime pas?.. Le mariage ne sera une bonne institution que lorsqu'on pourra divorcer à son gré!

JACQUEMART, *furieux.*

Qui est-ce qui a dit ça?..

MORISET.

Vous!

JACQUEMART.

Moi?..

MORISET.

Les femmes... c'est comme la propriété, ça appartient à tout le monde... c'est-à-dire au plus aimable!.. Le sol est à celui qui le cultive le mieux, la femme doit être à celui qui sait le mieux lui plaire.

JACQUEMART, *à part.*

C'est joli!.. Mais où diable ai-je été dire cela!

MORISET.

Air : Somnambule.

Toute femme que l'on désire
Appartient à qui la séduit,
Et le mari n'a rien à dire :
C'est vous-même qui l'avez dit.

JACQUEMART.

Quand ces discours étaient les nôtres,
Mon cœur plein de zèle et de foi
Ne s'occupait que du bonheur des autres!
J'étais loin de songer à moi!

MORISET.

Oui, mais j'y ai songé, à vous, moi qui ne suis pas ingrat!

SCÈNE IV.

*Les Mêmes, CÉCILE.

CÉCILE, *à Jacquemart.*

Ah! mon ami, je vous cherche! (*Apercevant Moriset.*) Vous

* Jacquemart, Cécile, Moriset.

étiez avec Moriset. (*Passant entre eux deux et tendant la main à Moriset.*) Bonjour, Moriset.

MORISET.

Bonjour, Cécile !

JACQUEMART, *à part.*

Bonjour, Cécile !.. Le fait est qu'il paraît très-lié avec elle

CÉCILE, *à Moriset.*

Je suis bien aise de vous rencontrer.

JACQUEMART, *à part.*

Elle est bien aise ! C'est donc lui qu'elle cherche !

CÉCILE, *à Moriset.*

Eh bien, vous allez être de noce ?

JACQUEMART et MORISET.

De noce !

CÉCILE.

Il se présente un parti convenable pour Julienne...

MORISET.

Julienne va se marier ?..

CÉCILE.

Elle est assez gentille pour ça !

MORISET.

Elle est gentille ?..

JACQUEMART, *montrant Moriset. À part.*

Il ne trouve que ma femme de gentille !..

CÉCILE.

Sa lingère lui propose de lui céder son fonds.

JACQUEMART.

Très-bien !.. très-bien... Je serai de noce aussi ?..

CÉCILE.

Ça va sans dire, puisque c'est vous qui donnerez l'argent pour acheter le fonds...

JACQUEMART, *redevenant sérieux.*

L'argent !.. Quel argent ?..

CÉCILE.

Les trente mille francs que mon père lui avait promis, et qui sont maintenant entre vos mains...

JACQUEMART.

Mais votre père me les a remis pour en faire ce que je voudrais.

CÉCILE.

Pensez-y donc... L'argent très-souvent est la proie exclusive de celui qui n'a rien fait pour le gagner... Le seul moyen d'en épurer la source...

MORISET.

C'est de le répandre !..

CÉCILE.

D'en faire profiter ses concitoyens... ses frères : un vrai patriote n'a rien qui soit à lui !..

JACQUEMART, *hors de lui.*

Qui est-ce qui a dit ça ?

CÉCILE.

Vous !..

JACQUEMART.

Moi ?..

MORISET.

Vous !..

CÉCILE.

Et si vous les refusez, ces trente mille francs... eh bien... moi, je les donnerai !

JACQUEMART.

Mais si vous ne les avez pas...

* MORISET, *avec feu.*

Elle les aura...

JACQUEMART.

A l'autre !...

MORISET, *avec feu.*

Oui, Cécile... si vous ne les avez pas, moi je les ai... et vous pouvez en disposer... Votre mari vous refuse tout.

JACQUEMART, *se récriant.*

Je lui refuse tout ?

MORISET.

Moi, qui ne suis pas votre mari, je ne vous refuserai rien ! Tout ce que vous ne trouverez pas chez lui, vous le trouverez chez moi...

Air : Charlatanisme.

Votre plaisir sera ma loi, (*Montrant Jacquemart*)
Et devant lui je le proclame.

* Jacquemart, Moriset, Cécile.

JACQUEMART.

Mais je n'ai pas besoin de toi
Pour faire plaisir à ma femme.
(*A part.*) Un frisson sur moi se répand!
J'aperçois, avec ses manœuvres,
A l'oreille ce qui me pend :
Je crois qu'il voudrait, le serpent,
Me faire avaler des couleuvres!

CÉCILE, *d'une manière naïve.*

Vous êtes bien bon, Moriset; je sais que vous m'aimez toujours et je vous remercie...

JACQUEMART.

Vous le remerciez?...

CÉCILE.

Ceux qui nous aiment... on doit les remercier!...

*JACQUEMART.

Je ne vous aime donc pas, moi!... Comment, parce que je ne veux pas donner un capital de trente mille francs, qu'on m'a laissé libre de donner ou de ne pas donner... et que je veux bien placer...

CÉCILE.

Bien placer?...

Air : Connaissez mieux le grand Eugène.

Cmme une sœur je regarde Julienne,

MORISET, *renchérissant.*

Nous sommes tous des frères maintenant.

JACQUEMART, *montrant Moriset.*

Faut-il qu'ainsi toujours il intervienne!

CÉCILE.

Puisque mon père a promis cet argent,
Peut-on le mieux placer qu'en le donnant?

MORISET.

Le capital, avec sa sœur, son frère
Se partage en bien communal.

JACQUEMART, *à part.*

Et ce gaillard-là considère
Ma femme comme un capital!

Décidément je ne les laisserai plus ensemble.

* Moriset, Jacquemart, Cécile.

SCÈNE V.

LES MÊMES, HIPPOLYTE.

HIPPOLYTE, *arrivant vivement, à Jacquemart.*

Monsieur, tous vos amis politiques sont arrivés.

*JACQUEMART.

Ils sont arrivés?

MORISET, *à part.*

Je vais donc rester seul avec elle!...

HIPPOLYTE.

Ils m'ont dit de venir tout de suite vous avertir.

CÉCILE.

Vous savez comme M. Cranet est impatient!

JACQUEMART.

Cranet!... oui, je sais... (*A part.*) Elle veut rester avec Moriset. (*Haut.*) Dis-leur que je finis une recherche et que je suis à eux.

HIPPOLYTE.

Oui, monsieur, je leur dirai... (*A part.*) L'amoureux restera... ça ne peut pas manquer!...

MORISET et CÉCILE.

Qu'est-ce qui vous retient?

JACQUEMART, *à part.*

Comment, il ne me viendra pas quelque chose de bien bête...

SCÈNE VI.

** LES MÊMES; JUMELLE, *entrant.*

JUMELLE.

Me voilà.

JACQUEMART, *à part.*

Jumelle!... Voilà mon affaire. (*Haut.*) Ah! beau-père, c'est vous!

JUMELLE.

Oui, en passant...

JACQUEMART.

En passant?...

* Moriset, Jacquemart, Hippolyte, Cécile.
** Cécile, Jumelle, Jacquemart, Moriset.

JUMELLE.

Je ne m'arrête pas.

* CÉCILE.

Mais, qu'est-ce donc qui vous agite, mon père?...

MORISET.

Oui, dites ce qui vous agite.

JUMELLE.

Ce qui m'agite?... ce qui m'agite?... (*Se tournant vers Jacquemart.*) C'est que tous ces messieurs, vos amis politiques, comme vous les appelez... ont fait chez moi, depuis votre mariage, des achats considérables... jumelles, lorgnons, conserves, pince-nez... Je leur ai fourni tous les moyens de s'éclaircir la vue...

JACQUEMART.

Eh bien?

JUMELLE.

Eh bien...

Air : Parnasse des dames.

Je n'ai pu toucher un centime!

JACQUEMART.

Mais ils ont promis?...

JUMELLE.

J'en conviens!
Oui, j'ai la promesse unanime
De ces excellents citoyens;
Il font des promesses splendides;
Mais s'agit-il de les remplir,
C'est le tonneau des Danaïdes;
Car ils ne peuvent rien tenir!

Et moi, pour tenir quelque chose, je vais bien vite porter mes mémoires chez l'huissier. (*Il va pour sortir.*)

JACQUEMART, *l'arrêtant.*

Arrêtez!... vous me feriez perdre ma popularité et ma divinité!

JUMELLE.

Ils oseraient...

JACQUEMART.

Je ne suis dieu qu'à la condition de faire ce qui leur plaît...

JUMELLE.

Alors, je ne leur vendrai plus...

* Cécile, Jacquemart, Jumelle, Moriset.

JACQUEMART.

Gardez-vous-en bien !... On dirait que mon beau-père ne vend plus qu'aux blancs et aux bleus, ça m'ôterait tout mon vernis !..

SCÈNE VII.

LES MÊMES; HIPPOLYTE, *arrivant vivement.*

HIPPOLYTE, *à Jacquemart.*

Monsieur, vos amis s'impatientent, ils disent que le moment est venu d'ouvrir la séance...

MORISET et CÉCILE.

Certainement, l'heure est venue...

JACQUEMART, *à Hippolyte.*

Dis-leur que je prends mes papiers et que je te suis... (*Il se dirige vers la table et rassemble ses papiers.*)

HIPPOLYTE, *à part en sortant.*

A-t-il de la peine à sortir !...

SCÈNE VIII.

LES MÊMES, *excepté* HIPPOLYTE.

JACQUEMART, *allant à son beau-père, ses papiers à la main.*

Monsieur Jumelle...

JUMELLE.

Mais songez qu'on vous attend!

CÉCILE, *à Jacquemart.*

Mais allez donc...

MORISET, *poussant Jacquemart.*

Mais allez donc...

JACQUEMART, *à part.*

Mais c'est qu'il me pousse encore! (*Haut.*) Un mot, monsieur Jumelle.

JUMELLE.

J'ai la vue longue et je vous vois venir... Vous voulez m'empêcher d'aller chez l'huissier?

JACQUEMART, *vivement*

Justement, et pour en être sûr, je veux que vous restiez ici...

MORISET, *à Jumelle.*

Mais monsieur Jumelle a d'autres affaires... (*Jacquemart va pour insister.*)

SCÈNE IX.

* LES MÊMES, HIPPOLYTE.

HIPPOLYTE, *avec détermination à Jacquemart.*

Monsieur, on va ouvrir la séance sans vous. (*On entend la sonnette aller.*)

JACQUEMART.

Oh ! mon Dieu ! j'entends la sonnette... et c'est Cranet sans doute qui veut présider... Monsieur Jumelle, attendez-moi... près de votre fille !... (*La sonnette va plus fort.*) *Alea jacta est.* (*Il sort en courant.*)

HIPPOLYTE.

Arrive qui plante !... je vas faire partir le beau-père. (*Il sort en se frottant les mains.*)

SCÈNE X.

**JUMELLE, CÉCILE, MORISET.

JUMELLE, *parlant de Jacquemart.*

Il ne s'appartient plus !

MORISET.

Il n'appartient même plus à sa femme... Il en coûte pour être Dieu !

JUMELLE.

Oui... ça donne de mauvaises pratiques; c'est dommage... Mais c'est égal... un état comme (*Se redressant*) celui-là, ce n'est pas toi qui aurais pu le remplir ?

MORISET.

D'abord, je n'aurais pas voulu...

JUMELLE.

Tu n'aurais pas voulu ?... Tu n'aurais pas pu !...

MORISET.

Air de Mademoiselle Garcin.

Si j'avais eu Cécile en mariage,
Je n'aurais pas désiré d'autre lot;

* Moriset, Jumelle, Cécile.
** Jumelle, Moriset, Cécile.

J'eusse été roi dans mon petit ménage,
Et je n'aurais jamais visé plus haut!
Content d'être homme et d'aimer avec âme,
J'aurais laissé Dieu, Seigneur éternel!...
Et sur la terre, adoré de ma femme,
Je me serais vraiment cru dans le ciel!...

CÉCILE, *vivement.*

Moriset... vous serez heureux...

MORISET.

Heureux!... Elle a dit que je serais heureux!

JUMELLE.

Oui, parce que tu es bon garçon... Seulement tu as la vue courte... et moi, j'ai la vue longue!... Nous ne pouvons pas voir de même... (*On entend applaudir.*) Tiens, entends-tu?... C'est mon gendre... C'est notre Dieu qui parle, et ses paroles sont suivies d'un tonnerre d'applaudissements.

SCÈNE XI.

HIPPOLYTE, *arrivant avec enthousiasme.*

Ah! C'est superbe!... C'est magnifique!... C'est enlevant!... Jamais on n'a dit de si belles choses... C'est un Dieu... quoi!

JUMELLE.

Vous voyez!... C'est Jacquemart.

HIPPOLYTE.

Est-ce que ça peut être un autre?... En voilà un de discours sur le commerce, sur les arts et sur les opticiens.

JUMELLE

Il a parlé des opticiens?

HIPPOLYTE.

Il en parle encore.

JUMELLE.

Il en parle encore! je n'y tiens plus!... Il faut que je l'entende!... Moriset, attendez-moi auprès de ma fille! (*Il s'enfuit.*)

HIPPOLYTE, *se frottant les mains.*

V'là c'que c'est. (*A Moriset.*) Monsieur, la sonnette annonce quand la séance est levée. (*Il sort en se frottant les mains.*) Ça ne peut plus manquer!

SCÈNE XII.

* MORISET, CÉCILE.

MORISET, *après avoir suivi des yeux Jumelle et Hippolyte.*

Ma chère Cécile... je puis donc vous dire tout ce que j'ai sur le cœur?

CÉCILE, *avec un sérieux doux et comique.*

Un instant!... Mon père et mon mari ne sont plus là pour nous écouter: il faut que je les remplace!

MORISET.

Que dites-vous?

CÉCILE, *à la porte de sa chambre, qu'elle a ouverte.*

Viens, Julienne.

MORISET, *apercevant Julienne.*

Julienne!...

SCÈNE XIII.

** LES MÊMES, JULIENNE.

JULIENNE, *se présentant.*

Moi-même. (*A Moriset.*) Est-ce que vous êtes fâché de me voir?

CÉCILE, *à Moriset.*

Maintenant vous pouvez parler...

MORISET.

Eh bien, oui, je parlerai!

CÉCILE, *vivement.*

Pour me répéter ce que vous m'avez dit cent fois!

JULIENNE.

Quoi donc?

CÉCILE.

Air du Secret.

Il dit que seule à son bonheur
Je suis nécessaire, Julienne;
Qu'il n'est que moi, selon son cœur,
Que moi qui vraiment lui convienne...
Il dit, ne s'en tenant pas là,
Que nulle n'a plus de quoi plaire!...
Heureusement que te voilà...
Tu vas lui prouver le contraire.

* Moriset, Cécile.
** Julienne, Cécile, Moriset.

JULIENNE.

Comment veux-tu que je lui prouve ça?

CÉCILE.

Mais tout naturellement !...

MORISET, *vivement.*

N'essayez pas, Julienne, n'essayez pas ! Vous ne parviendrez jamais à me prouver que je puis trouver une femme jolie comme elle et qui me convienne autant qu'elle me convient !

JULIENNE.

Dame ! si vous y mettez de la mauvaise volonté !

MORISET.

De la mauvaise volonté, moi !... (*Se croisant les bras.*) * Eh bien ! voyons, où la trouverez-vous, cette femme ?

JULIENNE.

Il faut chercher, regarder...

MORISET.

Où?...

JULIENNE.

On commence par chercher dans ses connaissances.

MORISET.

Oh ! j'y consens, cherchons par là.

CÉCILE, *vivement.*

Cherchons dans vos connaissances.

MORISET.

Voyons... dans mes connaissances, il y a d'abord...

CÉCILE.

Il y a Julienne!

JULIENNE, *d'un air étonné, regardant Moriset.*

Moi !

MORISET, *se retournant vers Julienne.*

C'est, ma foi, vrai! Il y a vous!

JULIENNE.

Oh ! moi... passons, passons.

MORISET.

Passons, passons! je ne suis pas si pressé.

* Julienne, Moriset, Cécile.

JULIENNE.

Moi je ne compte pas.

MORISET.

Vous avez le droit de compter ; il n'y a pas de faveur.

JULIENNE.

Alors, regardez-moi !

MORISET.

C'est juste... (*Il la regarde.*) Tiens, tiens ! (*Se retournant, à Cécile.*) Savez-vous qu'elle est fort bien ?

CÉCILE, *à Moriset.*

Qu'est-ce que je vous disais ?

MORISET, *se remettant à regarder Julienne.*

Mais c'est que vous êtes fort jolie, Julienne !... Je n'y avais pas fait attention ! Vous êtes fort jolie.

CÉCILE, *souriant.*

Même auprès de moi ?

MORISET.

Quoique auprès de vous !

CÉCILE.

Eh bien, comparez !

MORISET, *se mettant entre elles.*

Vous permettez ?

Air : Fuyez, fuyez, femme jolie.

(*Regardant Julienne.*)

Quel regard !... et comme il m'enchante
Mais son éclat m'est répété !

(*Leur prenant à chacune la main.*)

Ah ! quelle main douce et charmante
Je tiens là de chaque côté !
Quelle blancheur ! quel velouté !
Oui, je les admire chacune...
Et vraiment, si je m'en croyais,

(*Portant à sa bouche la main de Cécile.*)

Cécile, je mangerais l'une,

(*Portant aussi à sa bouche la main de Julienne.*)

Et l'autre, je la croquerais !

CÉCILE et JULIENNE, *retirant toutes deux leurs mains.*

Ah ! que faites-vous donc ?

MORISET.

Je comparais...

CÉCILE.

Et vous trouviez?...

MORISET.

Égalité parfaite! (*Se retournant avec feu vers Julienne.*) Julienne, vous pouvez me rendre heureux... Vous êtes jolie... comme elle!... vous me convenez comme elle me convient!

CÉCILE, *riant.*

Vous en convenez?...

MORISET.

Elle me convient... je lui conviens!... nous nous convenons... Marions-nous!...

JULIENNE.

Un instant? Je sais que je vous conviens: ça me suffit.

MORISET.

Mais ça ne me suffit pas, à moi!

CÉCILE.

Ça lui suffit pour l'instant...

MORISET.

Comment, il y a un accroc?...

CÉCILE, *passant entre Julienne et Moriset.*

Non... non... je sais ce qui retient Julienne... Mais je réponds des trente mille francs. Cousine, va trouver mon père et ramène-le.

MORISET.

Le plus tôt possible, à présent que je vous aime; je n'en peux plus de me marier... C'est du bonheur que je vous promets... (*Il lui baise la main.*)

JULIENNE, *joyeuse.*

Je vous rendrai ça! (*Elle sort.*)

SCÈNE XIV.

* CÉCILE, MORISET.

CÉCILE.

Eh bien! Moriset?...

MORISET.

Et bien! madame Jacquemart, en voilà du chemin de fait pendant que votre mari est à la séance... car je présume qu'il y est encore.

* Cécile, Moriset.

CÉCILE.

S'il en était autrement, nous aurions entendu la sonnette.

Air de la Fille obéissante.

MORISET.

A celle que maintenant j'aime
Mon cœur jamais n'avait pensé :
Et c'est vous, Cécile, vous-même
Qui me montrez sa grâce extrême!
Par vous mon chemin m'est tracé!

CÉCILE.

Votre bonheur a commencé.

MORISET.

Autant que bonne, oui, vous êtes habile,
Et que je trouverais d'appas
A tomber à vos pieds, Cécile!

CÉCILE.

Mais rien ne vous est plus facile :
La sonnette ne va pas!

ENSEMBLE.

MORISET.

Ah! vous êtes charmante!
Est-il un sort plus doux!
Tout me rit et m'enchante,
Et je tiens tout de vous!

CÉCILE.

Ah! que je suis contente!
Votre sort est bien doux!
Tout vous rit, vous enchante...
Ai-je assez fait pour vous ?

SCÈNE XV.

* LES MÊMES, JACQUEMART, HIPPOLYTE.

JACQUEMART, *entrant.*

Que vois-je!

CÉCILE, *à Moriset.*

Demeurez... et de l'audace...

* Hippolyte, Jacquemart, Cécile, Moriset.

*JACQUEMART, *à Moriset.*

Te lèveras-tu, malheureux!

MORISET, *avec sang-froid et comique.*

Ah! vous étiez là? En voilà une de catastrophe!

HIPPOLYTE.

A-t-il un aplomb!..

JACQUEMART.

Je te trouve à ses pieds?

MORISET.

Eh! bien... c'est de votre faute.

JACQUEMART.

De ma faute?

MORISET.

Il ne fallait pas lever la séance sans sonner!..

HIPPOLYTE.

Ah! ça, monsieur, c'est une imprudence! je vous l'avais bien dit.

JACQUEMART.

J'arrive et je le vois à ses pieds!

MORISET.

Mais pourquoi pas?

JACQUEMART.

Comment, pourquoi pas?.. Ma femme... Ma femme! me vouloir remplacer dans son cœur!..

MORISET.

Si c'est ma place et non la vôtre?

JACQUEMART.

Qui est-ce qui a dit ça?

MORISET.

Vous!

**JACQUEMART.

Moi?.. Moi?.. elle n'avait pas de mari alors... Et vous, madame?

CÉCILE.

Puis-je empêcher Monsieur de se jeter à mes pieds?

HIPPOLYTE.

Ah! ça, non, il faut être juste!

* Hippolyte, Jacquemart, Cécile, Moriset.
** Hippolyte, Cécile, Jacquemart, Moriset.

JACQUEMART.

Te tairas-tu ?

MORISET.

Voyons... voyons, ne vous emportez pas... entendez la raison...

JACQUEMART.

La raison... la raison... Porter le trouble dans ma famille !..

MORISET.

La famille! il n'y a pas de famille, il ne doit pas y en avoir !

JACQUEMART.

Qui est-ce qui a dit ça ?

MORISET.

Vous !

JACQUEMART.

Moi ?

HIPPOLYTE.

Je l'ai lu dans son catéchisme.

JACQUEMART.

Outrager la morale !..

MORISET.

Elle est à refaire.

JACQUEMART.

Insulter à Dieu ! !

MORISET.

Dieu !.. Dieu, c'est le mal !..

JACQUEMART, *avec emportement.*

Qui est-ce qui a dit ça ?

MORISET.

Vous !

HIPPOLYTE.

Vous, monsieur.

JACQUEMART.

Encore !.. Mais d'autres temps, d'autres mœurs... d'autres circonstances, d'autres paroles !.. C'est une indignité... une infamie... il n'y a pas de société possible avec de tels principes ! (*A Moriset.*) Monsieur... avec votre doctrine...

MORISET.

Ma doctrine ?.. Dites donc la vôtre !

JACQUEMART, *plus fort.*

Avec votre doctrine...

MORISET, *à part.*

Il veut me la mettre sur le dos, à présent!

JACQUEMART, *avec solennité.*

Avec votre doctrine, plus d'amour, de fidélité, de bonheur dans un ménage (*mouvement de joie de Cécile*); je romps toute espèce de liaison avec vous, et vous ordonne à l'instant même de sortir...

CÉCILE, *prenant vivement la scène* *.

Et moi, monsieur... je vous ordonne de rester...

JACQUEMART,

Qu'entends-je?

MORISET, *à Cécile.*

J'aime mieux vous obéir.

HIPPOLYTE.

Comme ça marche!

JACQUEMART, *se contenant à peine.*

Cécile!.. Il faut qu'il sorte de ma maison... ou j'en sortirai.

CÉCILE.

Eh! bien, soit monsieur, nous nous séparerons.

JACQUEMART.

Nous séparer!...

MORISET, *à Cécile.*

Que dites-vous?

CÉCILE, *à Moriset.*

Tenons toujours...

HIPPOLYTE, *à part.*

Est-elle déterminée!

CÉCILE.

Nous nous séparerons sans bruit, sans scandale : n'est-ce pas, selon vous, ce qu'il y a de mieux à faire... quand on ne se convient plus?..

** JACQUEMART.

Cécile!...

Air : T'en souviens-tu?

Oui, c'est un mal que l'esclavage ;
L'indépendance a tant de prix!
Mais as-tu pesé ce langage ?
Nous séparer, Cécile... et notre fils ?...

* Hippolyte, Jacquemart, Cécile, Moriset.
** Hippolyte, Cécile, Jacquemart, Moriset.

S'il est une chaîne sur terre,
Qu'on ne doit rompre qu'en mourant,
C'est la chaîne qui lie un père
A la mère de son enfant!

CÉCILE, *à part.*

Si je ne me retenais...

HIPPOLYTE.

J'ai beaucoup d'émotion!

MORISET.

Mais les enfants ne sont ni au père ni à la mère!

JACQUEMART, *à part.*

Langue de vipère!...

MORISET.

Ils sont à l'État... Ils ne doivent être qu'à l'État!

SCÈNE XVI.

LES MÊMES, JUMELLE, JULIENNE.

JUMELLE.

C'est vrai!... Ils sont à l'État!... Ils ne doivent être qu'à l'État!

JACQUEMART, *plus vivement que jamais.*

Qui est-ce qui a dit ça?

* CÉCILE.

Vous!

MORISET.

Vous!

JUMELLE.

Vous!

JULIENNE.

Vous!

HIPPOLYTE.

Vous!

JACQUEMART.

Moi! moi! toujours moi! Ils n'ont que cette raison à me donner... Comprend-on que dans le temps où nous vivons, au centre de la civilisation, au foyer même des lumières, des gens d'une certaine classe, d'une certaine éducation, puissent adopter, propager

* Hippolyte, Jumelle, Jacquemart, Cécile, Moriset, Julienne.

des idées émises dans le désordre, pour s'élever ou faire parler de soi! Eh bien, quand je l'aurais dit... cent fois, dix mille fois dit... qu'est-ce que ça dit?...

Air : Permettez, je vous en supplie.

Que de l'ignorance on s'empare,
Que ces écrits pour elle aient des attraits
On conçoit bien qu'elle s'égare,
Livrée à de pareils pamphlets ;
C'est dans ce but qu'on les a faits.
Mais tout cela, c'est dérisoire...
Et pour peu que l'on ait d'esprit,
On est coupable de le croire,
Tout autant que de l'avoir dit.

* JUMELLE, *transporté.*

Oui, on est coupable de le croire tout autant que de l'avoir dit... Tout autant!... J'ai la vue longue, et je vois comme lui!... C'est un fait..... En voici un autre...... Moriset est amoureux de Julienne!...

JACQUEMART.

Amoureux de Julienne?... Moriset!

JULIENNE.

Oui, amoureux de moi... Il me l'a dit, je lui conviens.

JACQUEMART, *à sa femme.*

Vous entendez, madame?

CÉCILE.

Il ne m'en est, je vous jure, que plus agréable!...

JACQUEMART, *à part.*

Plus agréable!...

MORISET.

Sans doute! puisque je veux l'épouser.

JACQUEMART.

L'épouser!... Tu veux l'épouser?

MORISET.

Complétement!

JACQUEMART, *vivement.*

Eh bien, oui, tu l'épouseras... Elle t'épousera, car je lui donne les trente mille francs promis par Jumelle.

* Hippolyte, Jumelle, Cécile, Jacquemart, Julienne, Moriset.

CÉCILE.

Allons donc!

JULIENNE, *bas à Cécile.*

Tu es contente de ton Dieu?

CÉCILE, *bas à Julienne.*

Je te conseille d'épouser un homme!

JULIENNE, *donnant la main à Moriset.*

Va donc pour un homme!...

CÉCILE, *à Jacquemart.*

Mon ami, vous me rendez heureuse, vous saurez tout.

JACQUEMART.

Je le devine!... Toi seule es dans le vrai!... Morale, propriété, famille, gouvernement, tout se suit, tout se tient.

Air du Bouffe.

La révolte est un crime
Partout!
Le pouvoir légitime
Est tout!
En vain l'erreur, la haine
Ont cours!
Il faut qu'on y revienne
Toujours!

MORISET.

Et l'on y reviendra.

JACQUEMART.

Julienne aime bien ton mari, et qu'il ne soit jamais à d'autres.

JULIENNE, *naïvement.*

Je n'en aurai pas trop pour moi!

HIPPOLYTE, *à part.*

Est-elle gourmande!

JUMELLE.

Mon gendre... c'est beau... c'est très-beau! Que tu dises blanc ou rouge, tu es un Dieu!

JACQUEMART.

Non, j'abdique!

Air : J'en guette un petit de mon âge.

Méconnaître Dieu, sa justice,
Qui peut le vouloir sans danger?
Ce qui soutient un édifice

Ne doit jamais se déranger!
Et si tout en France menace
De crouler. . c'est qu'en ce moment
Le principe dont tout dépend
Ne se trouve pas à sa place.

Et voilà pourquoi je reprends la mienne.

JUMELLE.

C'est cela, et soyons tous à la noce.

* CHOEUR

Air : Final du premier acte.

Vive! vive un mariage
Où l'amour seul nous engage;
Le bonheur suit en ménage
Le choix d'une fille sage.
Vive, vive un mariage!

JUMELLE.

Air : Verse, verse.

Socialisme, effroi de tous!
Qui veux si bien mordre sur nous,
Dont la charité sans seconde,
Et toujours féconde,
En moyens abonde
Pour mettre le monde
Sens dessus dessous,
Passe! passe!
Même trépasse!
Tout vivra!
Tout refleurira.

JACQUEMART.

Discorde aux traits mal amortis,
Qui tiens divisés les partis,
Dont l'union à notre France
Rendrait l'espérance,
Bonheur et puissance,
Discorde en démence,
Fléau du pays,
Passe! passe!
Même trépasse!
Tout vivra!
Tout refleurira!

* Jumelle, Cécile, Jacquemart, Julienne, Moriset, Hippolyte.

JULIENNE.

Amour, qui, brûlant d'obtenir,
Ne sait pas nous entretenir
Autrement que d'un beau délire,
D'un cruel martyre,
Et, s'il faut le dire,
Qui sans cachemire
Crois nous attendrir!
Passe! passe!
Et même trépasse!
Bon voyage à
Cet amour-là!

MORISET.

Corruption, affreux levier,
Qui bouleverse l'atelier;
Toi dont la maxime propage
Partout le chômage,
Toi, dont le ravage
Dévore l'ouvrage,
Pain de l'ouvrier!
Passe! passe!
Même trépasse!
Tout vivra!
Tout refleurira!

CÉCILE.

Égoïsme, dieu d'aujourd'hui,
Toi qui ne veux rien pour autrui,
Égoïsme, dont la folie
Jamais ne s'oublie,
Qui veut qu'on nous lie.
Qu'on ne soit jolie
Que pour son mari!
Passe! passe!
Et même trépasse!
Et plaira
Celle qui pourra!

HIPPOLYTE.

Toi qui promis ceci, cela,
Et fraternell'ment t'en tins là,
Toi, dont le nom fameux en *ique*
Fut grand dans l'Attique
Et dans Rome antique,
Toi, chose fantastique,
Que l'on acclama,

Passe! passe!
Et même trépasse!
Tout vivra!
Et tout renaîtra!

JACQUEMART, *au public.*

Toi, maudite par les auteurs,
Les acteurs et les directeurs;
Toi, dont l'humeur, dans chaque stalle,
Pour blâmer s'installe,
Devant notre salle,
Injuste cabale,
Où sont les siffleurs...
Passe! passe!
Même trépasse!
Comme ça
L'on réussira!

REPRISE DU CHOEUR FINAL.

Vive, vive un mariage
Où l'amour seul nous engage;
Le bonheur suit en ménage
Le choix d'une fille sage!
Vive, vive un mariage!

FIN.

LE

MARTYRE DE VIVIA

MYSTÈRE EN TROIS ACTES ET EN VERS

Par **JEAN REBOUL** (de Nîmes).

Représenté sur le Second Théâtre Français (Odéon).

1 vol. in-18 format anglais. — Prix : **1** fr. **50** c.

Vivia, toujours vraie, toujours touchante, nous apparaît, dans tout le drame, comme le vivant commentaire, la mise en scène de cette adorable élégie de l'*Ange et l'Enfant*, qui a commencé la réputation de notre poète. Et lorsque l'enfant expire dans les bras de Phénice, et que Lucilius s'écrie :

Cette seconde mort me dessille les yeux ;
L'enfant a disparu... mais l'ange est dans les cieux!

la note bien aimée reparaît; un involontaire retour ramène le poète vers ce berceau qui fut celui de sa gloire.

EGMONT

TRAGÉDIE EN CINQ ACTES

PAR

M. ALEXANDRE ROLLAND.

Représenté sur le Second Théâtre Français (Odéon).

grand in-8° broché.—Prix : **2** fr.

Cette tragédie est un des sept ouvrages admis par l'Académie française à concourir pour le grand prix de dix mille francs.

NUITS D'ÉTÉ

POÉSIES, PAR **ARMAND DE FLAUX.**

Un volume in-8° broché.—Prix : **5** fr.

EFFUSIONS POÉTIQUES

Au profit des malheureux et particulièrement de l'enfance délaissée.

PAR A. L.

Un beau volume in-8° br. — Prix, 3 fr.

ARLES EN FRANCE

Nouvelles

PAR JULES CANONGE

1 beau volume in-18, format anglais.—Prix : 3 fr.

Ce volume contient : un coup-d'œil général sur Arles, son histoire et sa population ; *Phylax*, ou Arles sous les Romains ; *la Chèvre d'or*, ou Arles sous les Sarrazins ; *Jeanne Dalcyn*, ou Arles au moyen-âge ; *Izane*, ou Arles contemporain. Ce livre sous la forme de la nouvelle archéologique ou de la légende, est un tableau de la vie d'une importante et poétique cité aux principales époques de son histoire.

ROMANS, NOUVELLES,

CHRONIQUES ET LÉGENDES

PAR M. LE COMTE

HIPPOLYTE DE MOYNIER.

Un volume grand in-8° br.—Prix : 5 fr.

Sous presse:

LES

FEMMES AIMÉES D'HORACE

ÉTUDES D'APRÈS L'ANTIQUE

OU

ROMAN DES AMOURS DU POÈTE DE TIBUR

suivies

DE LA TRADUCTION EN VERS FRANÇAIS

de ses dix-huit odes à

LYDIE, BARINE, NÉÉRA, PHIDILÉ, ETC., ETC.

PAR

JULES DE SAINT-FÉLIX.

Un volume in-18, format anglais.

Politique.

ASSEMBLÉE NATIONALE LÉGISLATIVE

LES TRIBUNS

Études parlementaires morales et pittoresques

PAR TRIMALCION,

Ornés de magnifiques portraits en pied, dessinés d'après nature
et gravés sur acier
par MM. PAUQUET, DEVRITS et GOUJON.

Un beau vol. grand in-8° jésus. Prix : **5** fr.

DE FALLOUX. — LEDRU-ROLLIN. — DE LAROCHEJAQUELEIN. — CH. LAGRANGE. — VICTOR HUGO. — FÉLIX PYAT. — PIERRE LEROUX. — DE MONTALEMBERT. — GÉNÉRAL CAVAIGNAC.

Cette publication, nous l'espérons, est prédestinée à un grand succès de popularité par l'originalité de la forme et par le fond du sujet même. Ce n'est point une *biographie*, mais plutôt une galerie de *portraits* aussi ressemblants que possible. Nous pouvons ajouter, quant au style et à l'intérêt d'actualité de cet ouvrage, qu'il est appelé à figurer dans toutes les bibliothèques à côté du *livre des orateurs* de Timon.

LA COMMUNE,

L'ÉGLISE ET L'ÉTAT

DANS LEURS RAPPORTS AVEC LES CLASSES LABORIEUSES

PAR F. BÉCHARD,

Membre de l'Assemblée nationale et de la Commission
de prévoyance et d'assistance.

PREMIÈRE PARTIE : **Des Lois de Prévoyance.**

Un volume in-18, format anglais. Prix : **1** fr. **50** cent.

DEUXIÈME PARTIE : **Des Lois d'Assistance.**

Même format.—Prix : **2** fr.

Ce livre sera vivement recherché, nous n'en doutons pas, par tous ceux qui comprennent l'importance des grandes questions sociales que l'honorable M. Béchard a si heureusement entrepris de résoudre, et qui pensent comme lui qu'il ne suffit pas de combattre les utopies, mais qu'il faut s'occuper avant tout d'organiser les moyens de venir en aide aux classes souffrantes. Telle est la noble tâche que s'est imposée M. Béchard. Nous sommes heureux de dire qu'il s'en est acquitté avec ce talent et cette supériorité de vues qui lui ont assigné depuis longtemps une place parmis nos économistes les plus distingués.

2me ÉDITION.

HISTOIRE DE LA SOUVERAINETÉ DU PEUPLE

ET DES CRIMES COMMIS EN SON NOM

Par **ANDRÉ VIGROUX** (de l'Aveyron),
précédée d'une lettre de M. **ALFRED NETTEMENT.**

Un vol. in-8° broché. Prix : **2** fr.

Un de nos critiques les plus judicieux et surtout des plus implacables apprécie cette œuvre en ces termes : « Voici un ouvrage vigoureusement écrit, une histoire tracée en quelques pages et de main de maître. Le sujet était fécond, il est vrai, mais l'auteur a su en tirer un admirable parti. — Ce livre perdrait à l'analyse, et le meilleur service que nous puissions lui rendre est de nous borner à le recommander chaudement à tous les hommes impartiaux. »

DES MOYENS D'ÉTABLIR L'UNION.

Lettres politiques à M. le comte Molé,

Par **M. ALFRED NETTEMENT,** membre de l'Assemblée nationale.

Un vol. grand in-18. — Prix : **1** fr.

L'auteur avait adressé ces lettres à M Molé une à une, par la voie d'un journal : Nous les avons réunies toutes ici. Comme les matières qu'elles traitent n'ont pas vieilli, comme le problème qu'elles étudient n'est pas résolu, elles sont restées de circonstance, et peut-être ne sera-t-on pas fâché de les voir rassemblées, car au fond elles embrassent la situation générale et elles indiquent ses principales difficultés intérieures et extérieures.

DE LA RÉPUBLIQUE

fondée sur

L'ÉQUILIBRE DES POUVOIRS

LETTRES au représentant du peuple LANJUINAIS.

(*CONVENTION*)

POUR L'ÉTUDE DE LA SITUATION.

Grand in-8° broché. — Prix : **1** fr. **50** cent.

CONSEILS AU PEUPLE

Par un Inconnu.

Brochure in-18.—Prix ; **10** c.—Le cent : **9** fr.

Avec cette épigraphe :

Si la France demeure dans les voies révolutionnaires... elle périra!

LA FUSION ET LES PARTIS

Par **Ch. DE VALORI.**

Un vol. grand in-18.—Prix : **50** c.

ESSAI SUR LES USURPATIONS

Par M. le baron **de S... de B...**

Un vol. in-18 format anglais.—Prix : **1** fr.

PETITES LETTRES DE LA PROVINCE

PREMIÈRE LETTRE SUR M. PROUDHON

Prix : **5** cent.—Le cent : **3** fr.

DU CRÉDIT ET DE L'IMPOT

OU

CE QU'IL Y A A FAIRE

Par un ancien receveur des finances, auteur de la Lettre à M. Thiers; sur le 4e livre de : **La Propriété**; ***2e édition, revue et augmentée.***

Un vol. grand in-18. Prix : **1** fr.

Considérations sur le crédit public.

Examen du projet de loi qui soumet à l'impot du timbre

LES TRANSFERTS DE RENTES SUR L'ÉTAT

ET

DES ACTIONS INDUSTRIELLES

Par **GODIN**,
avocat à la Cour d'appel.

Grand in-8° broché. — Prix : **75** centimes.

Avec cette épigraphe:

Tout impôt sur la rente serait une réduction; et la réduction est une ***banqueroute partielle***.

Avis important.

IL SERA ACCORDÉ

POUR PRIME UN MAGNIFIQUE VOLUME DE **CINQ FRANCS**

INTITULÉS

LES TRIBUNS ÉTUDES parlementaires, morales et pittoresques PAR **TRIMALCION**

Orné de **portraits** sur **acier**

A TOUTE PERSONNE QUI PRENDRA EN UNE FOIS

DANS NOTRE CATALOGUE

des ouvrages pour la somme de

VINGT FRANCS

N. B. En ajoutant **2** francs on recevra les ouvrages *franco* **par** toute la France.

Imprimerie Bonaventure et Ducessois, 55, quai des Grands-Augustins.

www.ingramcontent.com/pod-product-compliance
Lightning Source LLC
LaVergne TN
LVHW050427160826
845677LV00002BA/579

* 9 7 8 2 3 2 9 6 9 5 1 6 7 *